Italian Ea

Omicidio in passerella

di Cinzia Medaglia

Copyright © Cinzia Medaglia 2014

e-mail: cinziamedaglia@yahoo.de

www.cinziamedaglia.com

Tutti i diritti sono riservati a norma di legge e a norma delle convenzioni internazionali.

ISBN: 978-1500440558

Autore: Cinzia Medaglia
Copertina di: Martin R. Seiffarth
Realizzazione editoriale: Martin R. Seiffarth

Indice

Capitolo 1: Ferrara	5
Capitolo 2: Tiziana	10
Capitolo 3: La sfilata	15
Capitolo 4: Lucrezia Borgia	20
Capitolo 5: Sabbioneta	27
Capitolo 6: Marina	35
Capitolo 7: Indagini	40
Capitolo 8: Tutto alla normalità, o quasi	50

I personaggi

Alessandro, ingegnere

Gianni, ingegnere e amico di Alessandro

Lucrezia, modella e direttrice di una casa di moda

Carlotta, la sua migliore amica

Luana, modella

Veronica, modella

Silvio, direttore di una casa di moda

Capitolo 1: Ferrara

Alessandro si sveglia di solito molto presto di mattina, alle cinque e mezza. Questa mattina si sveglia ancora prima, alle cinque. Deve partire. Ha un lavoro a Ferrara, una città che dista circa 200 Km dalla città in cui abita, Milano.

Alle sei è in macchina. Alle sei e dieci, quando è sulla tangenziale[ring road], gli suona il telefonino.

"Ciao, amore. Sono Marina."

"Lo so, cara. Solo tu puoi chiamare a quest'ora" dice Alessandro.

"Mi sono svegliata presto e ho subito pensato a te."

"Potevi restare a dormire da me ieri sera."

"Sai che sono contraria. Non prima che ci sposiamo."

"Beh, ormai la data è vicina, no? Tre mesi."

"Sì, e tu mancherai gli ultimi due incontri del corso prematrimoniale[premarital]" lo rimprovera lei.

"Lo so, mi dispiace Marina" dice Alessandro "ma dovevo accettare questo lavoro. È un lavoro importante, il primo lavoro importante da quando lavoro in questa ditta e …"

"Sì, lo so, lo so, amore, non devi giustificarti. Soltanto che sai com'è Don Luciano, per lui il matrimonio religioso deve essere veramente sentito. Comunque oggi gli parlo e gli spiego tutto."

"Ma gliel'ho già spiegato io!" esclama Alessandro.

"Sì, però se gli parlo io ancora, sono sicura di convincerlo. Sai che Don Luciano è il mio padre spirituale, inoltre lo conosco da anni."

"Va bene, come vuoi" replica Alessandro.

"Hai fatto colazione?" domanda la ragazza.

"No, non ancora."

"Fermati a mangiare qualcosa, mi raccomando!"

"Sì mammina" risponde lui ironico.

"Ciao amore, ci sentiamo più tardi."

Marina è sempre molto premurosa[attentive] con Alessandro e ad Alessandro questo qualche volta da' fastidio. Sua mamma è sempre stata molto premurosa e a volte Marina si comporta come lei. Ma in compenso[on the other hand] ha delle qualità che non ha mai trovato in nessun'altra donna: Martina è dolcissima, comprensiva, sempre sorridente e lo ama tantissimo.

Alessandro guida meccanicamente sull'autostrada attraverso la Pianura Padana fino all'Emilia Romagna. Il cellulare di Alessandro suona ancora. Questa volta è Gianni, amico e collega.

Emilia Romagna

Emilia Romagna è una regione del centro nord. È una delle regioni più ricche d'Italia.

La sua economia si basa sull'industria, sul settore terziario e sull'agricoltura.

Anche il turismo è molto importante, infatti la Riviera Romagnola ha un'alta densità di alberghi e pensioni. Rimini, Riccione, Milano marittima sono centri che richiamano ogni anno un grande numero di turisti italiani e stranieri nei mesi estivi.

Le città più ricche di attrattive culturali e artistiche sono Bologna, Ferrara e Ravenna.

"Dove sei?" gli chiede.

"A un centinaio di chilometri da Ferrara. Tu sei già lì?"

"Sì, sono arrivato ieri sera. Fai in tempo ad arrivare alla riunione, vero?" domanda Gianni.

"Sì, certo, alle dieci sono sicuramente alla riunione. Com'è la situazione?"

"Un casino. Siamo indietro con i lavori e il padiglione[pavillion] deve aprire tra due settimane. Tra l'altro la città è piena di gente per Ferrara Vende Moda."

"Cos'è?"

"Una specie di fiera della moda. Ci sono stilisti, modelle, fotografi dappertutto…" risponde Gianni.

"I lavori sono già cominciati?"

"No, prima c'è una riunione. Ce la fai a essere qui per le nove?" domanda Gianni.

"Certamente" risponde Alessandro.

"Bene. Marina, è con te?" domanda Gianni.

"Certo che no. Marina è rimasta a Milano, lavora."

"Già, meglio così, no? Per una volta sei un po' libero" commenta Gianni.

"Sì, libero di lavorare" replica Alessandro.

"Non lavoreremo e basta. Di sera usciamo, magari andiamo a Bologna, che dici?"

"Mah, vedremo… Sai che fra tre mesi mi sposo."

"Appunto. Sono i tuoi ultimi mesi di libertà!" esclama Gianni.

Alessandro sorride. Il suo amico Gianni è un tipo inquieto, lui no, lui è uno tranquillo. Anche quando era single è sempre uscito poco di sera, ha frequentato poca gente; infatti ha conosciuto Marina a un incontro della parrocchia^{parish} dove aveva accompagnato sua madre.

Alessandro è arrivato a Ferrara.

> **Ferrara**
> Si trova in Emilia Romagna sulle sponde del fiume Po.
> Ferrara ha un passato glorioso quando, sotto il governo della famiglia d'Este (nel Quattrocento e Cinquecento), diventa un centro artistico di grande importanza. Ospita infatti famosi scrittori come Ludovico Ariosto e Torquato Tasso, scienziati come Niccolò Copernico, pittori come Andrea Mantegna e Tiziano.
> In quel periodo i signori estensi realizzano per motivi militari, politici o semplicemente di piacere, una rete di costruzioni, torri, fortezze e palazzi. Essi costituiscono un patrimonio di grandissimo valore storico e culturale che ha fatto meritare a Ferrara il titolo di città del Rinascimento.
> Inoltre è una delle poche città in Italia e in Europa che è quasi completamente circondata dalle mura che hanno mantenuto il loro aspetto originario nel corso dei secoli.

Il navigatore gli indica la strada da seguire. Diritto, diritto, ottocento metri a destra, duecento cinquanta metri al semaforo a sinistra. Entra nel quartiere rinascimentale. Le vie sono strette, le case antiche, tanta gente in bicicletta.

L'arrivo è davanti a una delle casette dal tetto rosso proprio accanto a delle numerose chiese di stile romanico della città.

Trova facilmente parcheggio a pochi metri dalla casa. L'appartamento è al secondo piano.

"È piccolo ma carino" pensa Alessandro che, dopo una doccia veloce, indossa il suo vestito formale, un completo[a suit] grigio con cravatta blu. "Per fortuna ancora non fa caldo. Ferrara è famosa per il suo soffocante caldo estivo."

Il luogo della riunione, il padiglione uno, è a dieci minuti a piedi dalla casa di Alessandro. Non ci sono tante macchine in giro, ma piuttosto biciclette.

"Infatti la chiamano la città delle biciclette" pensa Alessandro. "In Italia non ci sono tanti centri in cui la gente usa la bicicletta. Ferrara è una di queste."

Le città delle biciclette
Le città in Italia in cui ci si muove maggiormente in bicicletta sono: Bolzano, Piacenza e Ferrara.

Bolzano si trova in Trentino Alto Adige, Piacenza e Ferrara in Emilia Romagna.

Alle dieci è alla riunione con colleghi ingegneri e architetti. Di pomeriggio comincia a lavorare con il capo ingegnere alla parte elettrica e finisce soltanto alle sette di sera. Quando esce trova Gianni ad aspettarlo davanti al padiglione.

"Vieni a mangiare?" gli chiede.

"Sono stanco morto" risponde Alessandro.

"Non ti ho chiesto di andare a ballare, ma a mangiare. Non hai fame?"

"Sì, abbastanza, però prima vorrei passare a casa a fare una doccia e dovrei telefonare a Marina."

"Ok per la doccia, ma Marina la puoi chiamare stasera con calma" gli dice Gianni. "Dai… andiamo direttamente al locale. È vicino alle mura. Non dobbiamo neppure prendere la macchina. Questa città è

4

talmente piccola che la si può girare senza macchina."

"Ok, ok, vengo" si arrende Alessandro. "Chiamo Marina quando torno a casa. Tanto non facciamo tardi, vero?"

"Che palle[what a bore [vulgar]] che sei!" esclama Gianni. "Sono sicuro comunque che adesso ti svegli. Dicono che il posto in cui andiamo sia pieno di modelle e modelline. Non mi dispiacerebbe fare amicizia con qualcuna. E credo neppure a te. Marina è carina, ma niente più che carina. Queste sono esseri[beings] spettacolari."

"Sì, forse. Ma accetta un consiglio: stanne alla larga[stay away from them]" lo avverte Alessandro.

"Perché?"

"Il fatto è che anni fa ho avuto a che fare con questo ambiente ed è stato…" Alessandro s'interrompe.

"È stato…?" chiede Gianni.

"Non è il momento di parlarne. È una storia lunga e complicata."

"Che uomo misterioso sei!" ride Gianni.

Capitolo 2: Tiziana

Il locale è piuttosto grande, illuminato da luci psichedeliche simili a quelle di una discoteca. Ai tavolini sono sedute belle ragazze dalle gambe lunghe e camerieri in giacca bianca portano vassoi con bicchieri pieni di bevande colorate.

Gianni e Alessandro si siedono a uno dei pochi tavoli liberi in fondo al locale. Gianni si guarda intorno con uno sguardo tra ammirato e curioso.

Alessandro prende in mano il menu: spaghetti al pesto 12 euro, gnocchetti al ragù 14 euro...

"Cavolo!" esclama. "Piatti banali ma cari come il fuoco[very expensive]!"

Gianni non risponde. Ha lo sguardo fisso sulle belle modelle sedute al tavolo accanto. Sorride, ma nessuna di loro risponde al suo sorriso.

"Cosa ordini?" chiede Alessandro.

"Non lo so" risponde Gianni "ordina tu per me. No, anzi ordino io. Tu che sei un bel ragazzone attacca bottone[strike up a conversation] con quelle." Con la testa accenna alle modelle[points at the models] sedute al tavolo accanto.

"No, assolutamente no."

"Eh dai! Me non mi guardano perché ho pochi capelli e poi non sono il tipo che colpisce[strikes] subito. Una mi deve conoscere. Tu mi trovi brutto?"

Alessandro lo guarda: Gianni ha in effetti ha pochi capelli, gli occhi piccoli e un naso grosso" che lui definisce "importante". Forse non è brutto, ma senz'altro non bello.

Però Alessandro risponde diplomaticamente:

"Non lo so, io non so giudicare gli uomini."

"Certo che sai giudicare, bugiardo[liar]!" lo rimprovera Gianni. "Tutti capiscono se uno è brutto o bello. Tu, per esempio, sei un bel ragazzo. Alto, atletico, occhioni azzurri, bei denti bianchi, tutto sprecato[wasted] perché tu..."

Gianni si interrompe perché accanto a loro si è materializzata una figura femminile: è la figura di una modella, alta, con lunghi capelli rossi.

Gianni rimane a bocca aperta, Alessandro si alza di scatto^{jumps to his feet}.

"Tiziana!" esclama

"Ciao Alessandro, come stai?"

"Bene, sì bene, e tu?"

"Bene anch'io."

"Sei qui per la sfilata^{fashion show}?" domanda Alessandro.

"Sì, ma non come modella, bensì come stilista. Ho la mia linea di moda da presentare."

"Fantastico!" esclama Alessandro. "Ce l'hai fatta quindi."

"Sì, io… "sta per dire qualcosa, ma è interrotta da Gianni che si è alzato e si presenta:

"Io sono Gianni, un amico di Alessandro."

"Piacere Gianni" risponde la ragazza.

"Vuoi sederti al tavolo?" la invita lui.

"Io, veramente sono qui con la mia assistente. Potete venire a sedervi con noi se volete. Abbiamo un tavolo grande là nell'angolo."

"Volentieri, volentieri" risponde Gianni e Alessandro ride.

"Il suo sogno si sta facendo realtà" dice.

"Cosa vuoi dire?" chiede Tiziana.

"Cenare con delle modelle in carne e ossa."

"Io non sono una modella" dice la ragazza che è seduta al tavolo e che si è presentata come Carlotta. "Sono solo un'assistente."

Gianni sorride a quella ragazza dalle lunghe ciglia^{eyelashes} e gli occhi color miele^{honey}.

"Sei bella come una modella però" commenta.

"Carlotta dice di non essere una modella, ma prima di disegnare vestiti sfilava!" fa notare Tiziana.

"E ancora prima ero una ballerina" aggiunge la ragazza. "Frequentavo l'Accademia della Scala a Milano. Ma a sedici anni sono diventata troppo alta. Una ballerina di un metro e ottanta non trova lavoro."

Il Teatro alla Scala di Milano
Il teatro alla Scala è tra i più importanti al mondo. Ogni anno propone spettacoli di diverso genere: opere liriche, concerti di musica classica e balletto.

"Un metro e ottanta? Cavolo" esclama Gianni.

Gianni e Alessandro mangiano insieme a Tiziana e Carlotta.

Tiziana racconta di quello che ha fatto dopo la "storia di Richetti", ma prima Gianni vuole sapere "cos'è 'sta storia di Richetti.

Tiziana riassume in pochissime parole:

"Il mio capo è stato ucciso anni fa. Avevano accusato me. Alessandro ha trovato il vero colpevole e mi ha scagionato[freed me from blame].

"Alessandro? Hai capito…" esclama Gianni. "Ma voi due quindi stavate insieme?"

Tiziana e Alessandro si guardano.

"È stata una cosa strana" dice Tiziana.

"Complicata" aggiunge Alessandro.

Gianni scuote la testa.

"Non mi sembra così difficile" commenta. "O si sta insieme o non si sta insieme."

"Non è proprio così. Le cose non sono mai semplici" dice Carlotta.

"Invece adesso Alessandro ha una relazione semplice semplice" dice Gianni. "Una bella fidanzatina, il matrimonio fra tre mesi…"

"Ti sposi!" esclama Tiziana.

"Sì, come ha detto lui, fra tre mesi" conferma Alessandro. "E tu, Tiziana? Stai insieme a qualcuno?"

"Io sono single. E sto bene così" risponde Tiziana.

"Stiamo bene così" aggiunge Carlotta.

"Io sono single, ma non sto bene così" dice Gianni.

Tutti ridono.

Dopo la pasta nessuno vuole il secondo. Invece prendono il dessert insieme ad altre due modelle che si sono sedute con loro. Una si chiama Luana, l'altra Veronica. Gianni è al settimo cielo.

Circondato da belle donne, il suo sogno!

Trova particolarmente bella Veronica, snella come le altre, ma con qualche curva^{curves} in più come piace a lui. Quando la banda attacca a suonare^{starts playing} musiche latine, riesce a convincerla a ballare una lambada con lui.

Tiziana e Alessandro osservano i due sulla pista.

"Il tuo amico balla bene" osserva Tiziana.

"Sì" dice Alessandro. "Tutto il contrario di me. Non so muovere un passo a tempo di musica."

"Neppure io ballo particolarmente bene. Certamente non come Carlotta. Guardala!"

Carlotta volteggia^{twirls} sulla pista con grande grazia e naturalezza.

"Balla splendidamente" dice Alessandro.

"Già, da ex ballerina della Scala" replica Tiziana.

"Siete molto amiche?"

"Sì, la conosco da tanto tempo" risponde Tiziana. "Pensa che eravamo compagne alla scuola elementare e alla media. Ci chiamavano le inseparabili. Ci siamo ritrovate quando lei ha lasciato l'accademia e ha cominciato a lavorare come modella."

"E Luana e Veronica?" domanda Alessandro.

"Loro le conosco meno. In realtà le conosco da molto tempo ma superficialmente. Sai com'è questo ambiente: ci si incrocia alle sfilate, nei bar alla moda, nei ristoranti, ma è difficile instaurare^{to build} un'amicizia vera."

Adesso la banda suona una melodia dolce e lenta. Tiziana mette la mano su quella di Alessandro.

"Ci pensi mai?" domanda.

"A cosa?" chiede Alessandro, ma solo per prendere tempo perché sa a che cosa si riferisce a Tiziana.

"A quei mesi in estate, a … noi."

9

Alessandro non risponde.

"Io ci penso, tante volte, più di quanto vorrei. Sai quante volte volevo chiamarti. Poi però ho pensato che comunque tra di noi anche se c'era qualcosa, più di qualcosa, non poteva funzionare."

Alessandro di nuovo non dice niente.

"E anche adesso taci*you're silent*, anche se stai per sposarti, anche se sei innamorato di un'altra donna, io so che anche tu hai pensato a me, anche tu …"

Di nuovo Tiziana è interrotta dall'arrivo di Gianni che subito nota la mano della ragazza su quella dell'amico. Tiziana tira via la mano e si alza.

"Io devo andare" dice "domani mi devo alzare molto presto."

"Anch'io" dice Carlotta che è tornata al tavolo dalla pista.

"Possiamo accompagnarvi?" propone Gianni.

"No, grazie" risponde Carlotta. "Stiamo in un albergo a dieci minuti da qui. Andiamo a piedi, così facciamo quattro passi."

Appena tornato all'appartamento, Alessandro guarda il cellulare. Trova otto chiamate, tutte di Marina. Le telefona subito.

"Scusa Marina, sono stato impegnato" dice.

"Come stai?" domanda Marina.

"Bene, sono solo un po' stanco."

"Ti sento freddo, distante…" dice lei preoccupata.

"No, te l'ho detto, solo stanco."

"Ok, va' a dormire allora. Ci sentiamo domani?"

"Sì, a domani."

"Ti amo."

"Anch'io."

Alessandro va a letto subito e chiude gli occhi, ma l'immagine che compare*appears* nella sua mente e poi nei suoi sogni non è quella di Marina, bensì quella di Tiziana con il suo vestito bianco e le spalle morbide*soft* coperte dai lunghi capelli rossi.

Capitolo 3: La sfilata

Tre giorni di grande lavoro e arriva venerdì.

"Oggi si torna a casa" dice Alessandro.

"Io resto qui" risponde Gianni.

"Davvero?"

"Sì, io non ho la fidanzata a Milano. Invece qui stasera c'è la grande sfilata. Sono riuscito ad avere due biglietti. Quando torni a Milano?"

"Parto subito dopo il lavoro" risponde Alessandro.

"Bene, buon viaggio allora."

Alessandro finisce di lavorare alle sei e va direttamente all'appartamento per prepararsi al ritorno a casa. Ma appena prima di uscire riceve una telefonata. È il capo ingegnere.

"Ciao Alessandro. So che ti avevamo detto che avevi il sabato libero, ma qui abbiamo bisogno di te. Senza il tuo aiuto i lavori al padiglione due restano bloccati."

"Quindi?" domanda Gianni.

"Quindi mi dispiace, ma domani devi venire a lavorare."

"Io… veramente… stavo per tornare a Milano."

"Capisco, mi dispiace" ripete. "Ma questo lavoro devi farlo tu, io domani devo lavorare al padiglione in vetro."

"Capisco" replica Alessandro che telefona subito a Marina.

"Accidenti, si arrabbierà" pensa. "Però io che ci posso fare?"

In effetti Marina è molto seccata.

"Sempre lavoro, lavoro, lavoro!" esclama.

"Mi dispiace, ma non posso farci niente. Io… davvero io…"

"Ok, pazienza… Ci vedremo il prossimo fine settimana. Sei fortunato che ho un sacco di cose da fare per il matrimonio…"

Appena smette di parlare con Marina, Alessandro riceve una telefonata da Gianni.

"Ho saputo che resti" dice.

11

"Accidenti, le voci corrono qui!" esclama Alessandro.

"Beh, ero lì quando l'ingegnere ti ha chiamato."

"Quindi lavori anche tu?" domanda Gianni.

"Sì, praticamente lavorano tutti domani. Per fortuna si comincia tardi."

"Perché per fortuna stasera facciamo bisboccia[we bibloom]."

"Vuoi dire *fai* bisboccia?"

"No, no, ho proprio detto *facciamo*, perché, Ciccio bello, alla sfilata vieni anche tu. Sai che ho due biglietti."

"Sono stanco, Gianni e poi non ho voglia."

"Evvia, così vedi la tua ex fiamma[old flame], Tiziana."

"Non è la mia ex fiamma" protesta Alessandro.

"Però è una ragazza bellissima e…. dai Alessandro, vieni che ci divertiamo. Fallo per me!"

Infine Alessandro accetta. Non solo per far piacere a Gianni, ma anche perché in effetti desidera rivedere Tiziana. Ha esitato perché sa che questo può scatenare[spark off] in lui sentimenti ed emozioni sopite[dormant] e portare a galla[to bring to light] ricordi che per tanto tempo ha seppellito[buried] nella soffitta[in the attic] della memoria. Perché sicuramente lui di quella ragazza era innamorato, molto innamorato.

Quando esce, mezz'ora dopo, c'è Gianni che lo aspetta.

"Sono contento che vieni anche tu" dice. "Dopo tutto io e te siamo una coppia vincente, non credi? Tu bello e io simpatico. E comunque non farò niente per disturbare te e Tiziana."

"Non dire stupidate! Tra me e Tiziana non c'è niente."

"Balle! Comunque a me non interessate voi due."

"Ti piacciono Luana e Veronica, vero?" chiede Alessandro.

"Sì, più Veronica. È lei che mi piace di più e sembra anche la più simpatica. Speriamo…"

Le speranze di Gianni svaniscono[vanish] appena arrivano alla sfilata.

Infatti Veronica non è sola, ma insieme a un accompagnatore, un uomo molto alto con i capelli brizzolati^(grey-haired) e il viso giovane. Lo presenta a Gianni e ad Alessandro.

"Questo è Silvio Manganelli, lo stilista per cui lavoro."

"Silvio" pensa Alessandro "come Berlusconi."

> **Silvio Berlusconi**
> Imprenditore e politico italiano.
> È conosciuto anche come Cavaliere ed è stato per nove anni primo ministro italiano.
> È stato il leader del partito di centro destra Forza Italia (dal 1994 al 2009 e dal 2009 al 2013) e poi de Il popolo della libertà. Ha subito diversi processi ed è tutt'ora soggetto a procedimenti giudiziari.

"Ma tu non lavori per Tiziana?" chiede Gianni.

Veronica guarda Silvio e i due ridono. Gianni e Alessandro non capiscono.

In quel momento si avvicinano Tiziana e Carlotta. Tiziana saluta Alessandro con un lieve cenno^(hint) del capo, poi si rivolge a Veronica.

"Veronica, cosa succede?" chiede. "Ti abbiamo chiamato tutto il giorno. Dovevi provare per la sfilata."

"Abbiamo dovuto sostituirti^(replace you)" aggiunge Carlotta.

"Sì, scusate" cinguetta^(chatters) lei. "Ma Silvio mi ha convinto a lavorare per lui."

Tiziana è visibilmente irritata.

"Perché stai facendo questo, Silvio? Ce l'hai ancora con me?" domanda.

"Perché mi hai mollato^(why did you dump me) su due piedi dopo otto mesi di fidanzamento? Perché non mi hai dato neppure una parola di spiegazione? Perché hai fondato^(founded) una linea direttamente concorrente^(competitive) con la mia?" "Ma no, certo che no, Tiziana. Non l'ho fatto per quello, ma soltanto perché trovo che la tua modella sia incredibilmente bella. Quando l'ho vista mi sono detto: i miei abiti saranno un grande successo se indossati^(worn) da questa meravigliosa creatura." L'uomo abbraccia Veronica stringendola a sé.

"Io vado a prendere qualcosa da bere" dice Gianni seccato.

"Ti seguo" fa Alessandro.

"No, aspetta Alessandro!" interviene Tiziana. "Dopo la sfilata, vieni al cocktail party?"

"Veramente, io domani dovrei lavorare…" risponde Alessandro.

"Non faremo tardi. Mi farebbe davvero piacere se restassi."

"D'accordo, resto."

"Adesso vado a preparare le ragazze per la sfilata, ci vediamo poi" dice Tiziana.

Tiziana e Carlotta si allontanano e anche Veronica e Silvio.

Alessandro raggiunge Gianni che è al bar dove gli stanno versando un bicchiere di prosecco.

"Ne vuoi uno?" chiede ad Alessandro.

"Non adesso."

"Quanto sei palloso!" esclama Gianni.

"E tu sei incazzato[pissed off]."

"Incazzatissimo. Quel babbuino[baboon] si è preso la mia donna."

"Non era la tua donna."

"Ok, non era la mia donna, ma poteva diventarla. Ah, ecco Luana!"

Gianni si avvicina in un balzo alla ragazza che si sta avvinando al banco.

"Vuoi qualcosa da bere? Te lo prendo io!" le dice.

"Sì, qualcosa di forte. Sono incavolatissima[pissed off]" risponde lei.

"Perché?" domanda Gianni.

"Perché quello stronzo non mi fa sfilare."

"Quale stronzo?" chiede di nuovo Gianni.

Alessandro non sente il resto perché si va a sedere davanti alla passerella[catwalk]. Resta lì da solo per tutta la durata della sfilata. Ha tenuto il posto libero per l'amico che però non si fa vedere.

"Forse sta cercando di consolare la bella Luana" pensa Alessandro.

14

La Pianura Padana

La Pianura Padana è una grande zona pianeggiante, che prende il nome dal Po, il principale fiume italiano. Vi sono anche numerosi laghi, tra cui i più estesi sono il Lago di Garda, il Lago Maggiore e il Lago di Como. La Pianura Padana è circondata da due catene montuose, le Alpi a nord e gli Appennini a sud. A est invece la pianura finisce sul mar Adriatico.

Il territorio della Pianura Padana e delle montagne circostanti comprende diverse regioni italiane: Valle d'Aosta, Piemonte, Liguria, Lombardia, Emilia-Romagna, Trentino-Alto Adige, Veneto e Friuli-Venezia Giulia. In queste regioni abita circa metà della popolazione italiana. A sud della Romagna, vi è un piccolo stato indipendente, San Marino, che non fa parte della Repubblica Italiana.

Capitolo 4: Lucrezia Borgia

Dopo la sfilata Alessandro si avvia verso il ristorante. All'ingresso però viene fermato da un uomo che gli chiede se ha l'invito. Alessandro sta per rispondere che non ce l'ha quando una voce femminile alle sue spalle dice:

"Questo signore è con me."

È Tiziana insieme a Carlotta. Mentre si avviano verso il tavolo, due uomini in giacca e cravatta si complimentano^{congratulate} con Tiziana per la sfilata.

I due uomini se ne vanno e subito una coppia le si avvicina. Alessandro non sente quello che dicono. Tuttavia^{However} intuisce che stanno complimentandosi anche loro per la sfilata.

"È stato un grande successo" pensa Alessandro. "Finalmente Tiziana ha quello che vuole." Osserva la ragazza mentre parla. Sorride, disinvolta, il suo vestito color argento^{silver} le mette in risalto$^{\text{makes stand out}}$ i lunghi capelli rossi.

"È bellissima" pensa. "È bellissima e io non dovrei essere qui." Si alza dal tavolo e fa qualche passo verso l'uscita, ma è fermato da Tiziana.

"Non te ne stai andando, vero?" gli chiede.

"Sì, Tiziana. Vedo che sei occupata e io…"

"Hai ragione, ti sto trascurando$^{\text{I'm neglecting you}}$." Tiziana lo prende per mano.

"Andiamo!"

"Andiamo dove?" domanda Alessandro.

"Da un'altra parte, dove possiamo stare tranquilli, dove possiamo… parlare."

Alessandro è esitante.

"Io… veramente…" cerca di obiettare.

"Evvia, non ho intenzione di sedurti$^{\text{seduce you}}$, non ti preoccupare. Ti propongo solo di andare a mangiare in un posto più tranquillo."

"Ma qui, tu non devi essere presente per…?" domanda Alessandro.

"No, ho già parlato con chi dovevo parlare. Carlotta penserà a prendere gli appuntamenti. Andiamo!" lo esorta Tiziana.

Una vocina nella testa di Alessandro continua a ripetergli:

"Non devi andare, non devi andare, pensa a Marina…" Ma lui non la ascolta.

Prima di uscire cerca Gianni con lo sguardo, che però non vede.

"Sarà con Luana da qualche parte" pensa.

Alessandro e Tiziana passano attraverso le sale del castello, percorrendo un lungo corridoio stretto.

"Mi stai portando nelle segrete^{dungeon}?" chiede Alessandro. "Vuoi rinchiudermi?"

> **Le segrete del Castello Estense a Ferrara**
> Alle segrete del castello si accede attraverso la scala-botola.
> Le segrete hanno il soffitto bassissimo e una finestrella piccola piccola da cui entra un filo di luce.
> Qui gli Estensi detenevano prigionieri particolari che si erano resi colpevoli di reati contro la famiglia d'Este, per esempio attentando al potere del signore o congiurando contro la famiglia. Quasi sempre i detenuti nel castello erano nobili.
> Alcuni di essi hanno lasciato la loro testimonianza nelle iscrizioni ancora visibili sulle mura delle celle. I nobili detenuti comuni invece venivano imprigionati nelle celle del Palazzo della Ragione nella piazza centrale della città.

"Rinchiuderti e torturarti" ride lei. "No, voglio farti vedere una cosa…"

Salgono le scale fino a una stanza.

"Questa era la stanza di Lucrezia Borgia" dice Tiziana. "Qualcuno dice che io le assomiglio."

"Perché? Uccidi le persone con il veleno^{gift}?" domanda Alessandro.

"No, le assomiglio d'aspetto, sciocco!" esclama Tiziana.

Lo prende per mano e lo conduce sul terrazzo, un delizioso terrazzo con piante e logge^{lodges}.

Tiziana e Alessandro camminano sotto la loggia, poi su balconi e infine si fermano sul delizioso terrazzo. Da cui godono^{enjoy} la vista sulla città vecchia con i suoi palazzi antichi^{ancient}.

17

"È bellissimo" dice Alessandro.

"Sapevo che ti sarebbe piaciuto" commenta Tiziana. Mette la mano sulla spalla di Alessandro. Lui vorrebbe allontanarsi, ma non lo fa. Un impulso irresistibile lo spinge verso di lei che avvicina il viso al suo, le labbra alle sue.

Si baciano, prima timidamente poi con passione. E continuano a baciarsi sotto il cielo stellato.

Alessandro torna all'appartamento molto tardi. Nonostante la stanchezza non riesce a dormire.

Continua a pensare a Tiziana e anche quando chiude gli occhi e si addormenta, il suo volto[face], la sua voce, il suo odore entrano nei suoi sogni.

Quando, la mattina dopo, Alessandro arriva al lavoro, Gianni è già lì.

"Hai un aspetto terribile" commenta Alessandro. "Che c'è? Hai fatto le ore piccole[did you burn the midnight oil]?"

"Piccolissime. Ho dormito sì e no tre ore" risponde Gianni.

"Ti sei divertito almeno?"

"Insomma... Poteva andare meglio. E tu?" domanda Gianni. "A un certo punto sei sparito e non ti sei fatto più vedere. Dove cavolo eri finito?"

"Preferisco non parlarne" risponde Alessandro.

"No, non dirmelo! Tu sei... tu hai..."

"Piantala Gianni!"

"Non ci posso credere" Gianni scoppia a ridere.

"Ti ho detto di smetterla" lo rimprovera Alessandro irritato. "Dai! Abbiamo un mucchio di lavoro[loads of work] da fare!"

Sono le undici, e Gianni e Alessandro si concedono una breve pausa per il caffè.

Sono appena entrati nel bar quando un poliziotto si avvicina a loro.

"Gianni Villa?" gli chiede.

"Sì, sono io."

"Dovrebbe seguirmi, signore" dice il poliziotto.

"Seguirla e perché?"

"Glielo spiego al commissariato."

"Al commissariato? Ma cosa è successo?" domanda Gianni.

"Un omicidio, signore. Questa notte è morta una ragazza."

"Una ragazza? Chi?" chiede Gianni.

"Luana Rambaldi."

"Luana?!" esclama Gianni.

"Avanti, ci segua" ripete il poliziotto.

Gianni sale in macchina.

"Alessandro, io non ho fatto niente" grida mentre sta salendo.

Alessandro segue con lo sguardo lo macchina fino alla fine della strada. Va subito dall'ingegnere capo che sta lavorando nell'altro padiglione e gli spiega cosa è successo.

L'ingegnere gli fa domande riguardo all'omicidio e alla ragazza. Ma Alessandro non sa rispondere a nessuna di esse.

"Il poliziotto ha detto pochissimo" dice Alessandro. "Devo prendere io stesso informazioni."

"Ok, vada, vada pure! Il lavoro può aspettare. Questa faccenda_matter_ mi sembra alquanto seria" dice l'ingegnere.

La prima persona con cui Alessandro parla è Tiziana. La trova al castello dove sta supervisionando le operazioni di trasferimento di abiti_clothes_ e accessori. È sconvolta. Tiziana racconta che Luana è stata trovata morta quella mattina dalla donna delle pulizie nella sua camera d'albergo.

"L'hanno accoltellata. Era in un lago di sangue."

"Tu l'hai vista?" domanda Alessandro.

"No, per fortuna no" risponde Tiziana. "Mi hanno detto che era uno spettacolo raccapricciante_horrifying_."

"Tu sai che cosa c'entra con Gianni?"

"Gianni è l'ultima persona con cui è stata vista."

"In albergo?" domanda Alessandro.

"Non lo so."

"Quindi lui è sospettato?"

"Forse, non lo so" risponde Tiziana.

"Gianni non può essere l'assassino. È totalmente innocuo[harmless]" afferma Alessandro.

"Ci credo. Io non lo conosco ma mi fido del tuo giudizio."

"Io lo conosco da anni. A prima vista sembra un po' un po' pirla[jerk], ma ti assicuro, è davvero una brava persona."

"Tu hai idea se qualcuno ce l'avesse con Luana[whether anyone was mad at Luana]?" domanda Alessandro.

"Sì, io. Ma io sono stata con te per metà della notte." Sul volto affiora un sorrisetto malizioso. Alessandro invece rimane serio.

"Che c'è? Sei pentito[have you repented]?" chiede Tiziana.

"Non lo so."

"Mi dispiace" Tiziana sembra mortificata.

Alessandro le dà una carezza. "Mi sento in colpa, non sono pentito. Sono troppo felice per essere pentito" dice.

"È stata una notte bellissima."

"Sì, è vero. Però adesso devo pensare a Gianni, devo tirarlo fuori dai guai[troubles]."

"Beh, non sei nuovo a questo genere di cose. Hai già fatto delle indagini[you've already investigated], ricordi? Quando hai tirato *me* fuori dai guai" dice Tiziana.

"Sì, hai ragione. Allora però lavoravo nel negozio di Richetti, conoscevo lui e conoscevo anche il suo assassino. Qui non so davvero da che parte iniziare. E comunque la prima cosa da verificare è se Gianni è davvero nei guai. Non è stato lui, ne sono sicuro e sono sicuro che non hanno vere prove[evidence] contro di lui."

Alessandro ha ragione: Gianni torna al lavoro nel tardo pomeriggio e ha un'aria tranquilla.

"È vero che sono stato l'ultimo a vedere la povera Luana" spiega "ma è anche vero che nessuno mi ha visto salire nella sua camera d'albergo, perché infatti non sono salito. L'ho lasciata davanti all'albergo, poi sono tornato alla festa. Qui ho incontrato Carlotta che mi ha presentato altre modelle. Sono stato alla festa fino alle quattro."

"Sanno quando Luana è stata uccisa?" domanda Alessandro.

"Sì, tra le quattro e le cinque di mattina" risponde Gianni.

"E tu eri alla festa quindi…"

"Ho lasciato la festa proprio alle quattro."

"Potrebbe essere stato un ladro?" chiede Tiziana.

"No, la polizia dice che Luana ha aperto all'assassino e poi l'arma^{the weapon} del delitto, un coltello, fa supporre una motivazione personale. Le ha dato qualcosa come venti coltellate^{stabs}, povera ragazza."

"Quindi doveva essere molto arrabbiato."

"O arrabbiata" aggiunge Gianni. "Potrebbe anche essere una donna."

"Sì, hai ragione."

"Comunque tu sei totalmente scagionato, vero?"

"Penso di sì, speriamo…" si augura Gianni.

Gianni e Alessandro si salutano subito dopo il lavoro. Stanchi dalla notte precedente tornano al loro appartamento.

Alessandro telefona a Marina che sta aspettando la sua telefonata.

"È tutto il giorno che aspetto di parlarti, amore" dice lei.

"Mi dispiace, lavoravo."

"Cos'hai?" chiede Marina. "Ti sento strano."

"Sono solo molto stanco."

"Ho voglia di vederti."

"Anch'io" risponde Alessandro.

"Sai che cosa ho fatto oggi…?" Marina comincia a raccontare dei suoi preparativi per il matrimonio. Alessandro mostra interesse, ma in effetti non ne ha alcuno. La cerimonia, il pranzo, il vestito… sono tutte cose che lo annoiano. Tuttavia non può dirlo a Marina per cui costituiscono fonte^{source} di grande gioia.

È un sollievo^{relief} quando si salutano…

Capitolo 5: Sabbioneta

È mattina presto quando il cellulare di Alessandro lo sveglia. È Tiziana.

"Non dirmi che stavi ancora dormendo…"

"Sì, in effetti."

"Questo pomeriggio parto, vado a Sabbioneta" dice Tiziana.

"Sabbioneta? Dove si trova?" domanda Alessandro.

"A un centinaio di chilometri da qui. È un posto bellissimo, voglio andarci con te."

"Tiziana, io ti ho già detto che…"

"Sei fidanzato, lo so. Prendila come una festa di addio al celibato[stag night]" dice Tiziana.

"Cosa c'entra l'addio al celibato?"

"Dai, sto scherzando. Voglio solo dire che dopo questo non ci vedremo più, forse mai più, e io… voglio cogliere l'attimo[seize the moment]. Capisci cosa intendo?"

"Sì, certo" risponde Alessandro.

"Allora?"

"Ci devo pensare."

"Non pensarci. *Carpe diem*."

"Va bene. Andiamo con la mia macchina?" propone Alessandro.

"Sì, così puoi tornare, perché io resto a Sabbioneta. È lì la seconda tappa del ciclo di sfilate a cui partecipo."

Sabbioneta

Si trova in provincia di Mantova. Dichiarata Patrimonio dell'umanità dall'UNESCO, è fondata dalla famiglia Gonzaga e con loro diventa capitale di un piccolo stato.

È un borgo particolare e bellissimo che ospita il Palazzo Ducale, il teatro all'antica e altre costruzioni di grande fascino.

In Piazza Ducale viene allestita la passerella e ci sono tutti.

C'è Silvio accompagnato da due delle sue modelle, c'è Carlotta che lavora ininterrottamente, c'è anche Veronica. Lei è l'unica a sembrare davvero triste per la morte di Luana.

"Luana non aveva amici?" chiede Alessandro.

"Sì, in teoria tutti quelli con cui lavori o hai lavorato per anni sono tuoi amici, ma in pratica a nessuno importa niente di nessuno. Un ambiente di merda davvero!"

"Anche per te è così, cioè non ti importa niente di nessuno?" chiede Alessandro.

"Per me conta Carlotta, lei è una vera amica, e conti tu" dice Tiziana.

Alessandro sorride. Vorrebbe baciarla, ma si trattiene. Quando è con lei dimentica tutto: Marina, la sua vita, dimentica anche se stesso...

"E Silvio? Cosa è successo con lui?" chiede Alessandro.

"Più o meno quello che ha detto, eravamo fidanzati, ma poi ho avuto un ripensamento all'ultimo momento. Silvio non è una bella persona. È prepotente^{overbearing}, aggressivo..."

"Violento?"

"Sì, anche. Non mi stupirei se fosse stato lui a uccidere Luana" dice Tiziana.

"Pensi davvero questo di lui?" domanda Alessandro.

"Sì, lo penso."

"Cavolo! È un giudizio pesante su uno che stavi per sposare."

"E infatti quando mi sono accorta^{I realized} di com'era, l'ho lasciato."

Carlotta le si avvicina.

"Vieni Tiziana? C'è ancora molto da fare" chiede.

"Sì, lo so, ma è domenica e oggi gli operai non lavorano. Domani possiamo continuare i lavori."

"Dovrebbe essere tutto pronto per martedì."

"E lo sarà, non ti preoccupare" la rassicura Carlotta.

"Quanto sei preziosa!" esclama Alessandro.

Carlotta sorride.

"Lo so" dice. "Cosa dite? Andiamo a mangiare?"

Tiziana e Alessandro si guardano imbarazzati.

"Io veramente…" risponde Tiziana. "Sai… Alessandro è qui soltanto oggi."

"E vuoi stare da sola con lui, giusto?" domanda Carlotta.

"Sì, in effetti."

"Ok, capisco. Allora resto qui a mangiare con Veronica e Silvio" dice Carlotta.

"Stai alla larga da Silvio, Carlotta!" la avverte Tiziana.

"Sì, lo so, lo so. Comunque io non lo trovo così male, anzi a volte addirittura simpatico. Ehi, guarda, c'è il tuo amico!" Carlotta indica l'ingresso del palazzo. Tiziana e Alessandro si voltano simultaneamente verso di lui.

"Gianni!" esclama Alessandro.

Gianni va verso di loro.

"Cosa fa qui?" chiede Alessandro.

"Mi ha telefonato Veronica. Si sentiva sola dopo la morte della sua amica. E anche lei non crede che io sia l'assassino. Ha detto che sono troppo buffo[funny] per essere un assassino. Secondo te è un complimento?"

"Non lo so" risponde Alessandro. "Ma non mi sembra una cosa negativa. Spesso alle donne piacciono gli uomini che fanno ridere."

"Tu non fai ridere e piaci alle donne lo stesso" dice Gianni.

"Alessandro ha altre qualità" interviene Tiziana.

"Bah, lasciamo perdere!" dice Gianni. "Sapete dov'è Veronica?"

"Nella hall con Silvio" risponde Carlotta.

"Non mi aveva detto che era con quel tipo."

"Beh, sai…. lavora con lui."

"Sapete se quei due stanno insieme?" domanda Gianni.

"Forse" risponde Tiziana. "Silvio si fa tutte quelle che può."

"Porco!" esclama Gianni con un tono buffo che fa scoppiare a ridere Tiziana.

"Comunque Veronica ha ragione, sei un tipo buffo" esclama la ragazza.

"Non buffo, divertente, divertente!" La corregge Gianni che si avvia verso la hall.

È sera quando Alessandro riaccompagna Tiziana al suo albergo a Sabbioneta. Ha passato la giornata con lei ed è stata una giornata meravigliosa. La bacia ancora una volta davanti all'albergo.

"Mi baci con questa passione perché pensi che sia l'ultima?" domanda Tiziana.

"No, non è così."

"Forse dovremmo parlarne…"

"Sì, ne parleremo, ma adesso devo davvero tornare" dice Alessandro.

"Mi chiami?"

Alessandro esita.

"Sì, ti chiamo" risponde.

Tiziana entra in albergo. Il cellulare suona per la quarta volta quel pomeriggio. Alessandro guarda lo schermo^(screen): è Marina.

"Sì, hai ragione Marina" pensa. La macchina è parcheggiata sull'altro lato della strada.

Risponde al telefono mentre attraversa.

"Ciao Marina" dice. "Come…?"

Non finisce la frase. Una macchina sta arrivando a tutta velocità. Alessandro fa appena in tempo a gettarsi^(throw himself) a terra a lato della strada.

La macchina prosegue^(drives on) senza fermarsi.

Delle persone accorrono verso di lui. Lo aiutano a rialzarsi.

"È ferito? Sta bene?" chiedono.

Alessandro si tocca il fianco dolorante^(painful).

"Sì, sto bene" risponde "ho solo battuto^(hit) il fianco."

"Dovrebbe comunque andare in ospedale a farsi dare una controllata" gli consiglia un uomo.

"Questi maledetti pirati della strada. La pena di morte^{death penalty} ci vorrebbe!" esclama un altro.

Una signora gli consegna il cellulare a pezzi.

"È suo?" chiede.

"Sì, grazie."

Intanto Tiziana, che stava per salire nella sua camera, ha sentito i rumori provenienti dalla^{coming from the} strada. Esce a vedere quello che è successo. Vede Alessandro con la giacca strappata^{ripped} e del sangue che gli scende dalla testa.

"Alessandro, cosa è successo?" domanda.

"Una macchina ha tentato di investirmi" risponde lui.

"Mio Dio, mi dispiace. Avanti, sali!"

"Io… veramente… dovrei tornare a Ferrara."

"Ma non dire sciocchezze!" lo rimprovera Tiziana. "Non puoi guidare in queste condizioni. Questa notte resterai qui. Puoi andare a Ferrara domani mattina. Ma… non vuoi andare alla polizia?"

"Alla polizia, a dire che cosa? Che una macchina di cui non ricordo ne modello né targa^{numberplate} ha tentato di investirmi^{run me over}? La solita denuncia^{police report} contro ignoti^{unknown people}. No, è solo una perdita di tempo."

Alessandro sale in camera con Tiziana e da qui telefona subito a Marina con il cellulare di Tiziana.

"Alessandro, ero preoccupatissima. Cosa è successo?" domanda Marina.

"È successo che sono stato quasi investito da un pirata della strada."

"Ma come stai?" domanda Marina.

"Sono illeso^{unharmed}. Non ti preoccupare!" la rassicura lui.

"Perché mi chiami con un altro cellulare?"

"Perché il mio è distrutto."

26

"È il cellulare di un amico?" chiede Marina.

"Sì, sì di un mio collega. Senti… devo andare adesso."

"Ma Alessandro, non riusciamo mai a parlare, io…" cerca di dire Marina.

"Domani compro un cellulare nuovo e ti prometto che possiamo stare al telefono quanto vuoi. Scusa, ma devo andare adesso…"

"Alessandro…"

"Sì?"

"Ti amo."

Alessandro esita una frazione di secondo e poi risponde:

"Anch'io."

Tiziana che ha sentito la conversazione commenta:

"Hai detto diverse bugie[lies] alla tua fidanzata. Non è da te"

"Sì, lo so, non è da me. Infatti mi sento un verme[worm]."

"Mi dispiace. È colpa mia" dice Tiziana.

"No, non lo è. Non è colpa di nessuno. Queste cose succedono e basta."

"Le dirai la verità?" chiede le ragazza.

"Sì, le dirò tutto."

Alessandro si guarda intorno: la stanza è molto grande con un letto e un divano letto[sofa bed].

"Posso dormire qui" dice Alessandro indicando il letto.

"Come preferisci" risponde Tiziana. "Vuoi una maglietta per dormire? Questa è la più grande che ho…"

"Grazie, amore" dice Alessandro. Le si avvicina.

"Tiziana… io… "

"Non c'è bisogno che dici niente, Alessandro."

Lui l'abbraccia stringendola forte a sé.

"Invece sì. Io credo di essermi innamorato di te o di non avere mai smesso di amarti."

"E Marina?" chiede Tiziana.

"Te l'ho detto. Appena posso, vado a Milano e parlo con lei. Soffrirà lo so, ma non voglio… non posso ingannarla[deceive her] così e non posso neppure ingannare me: non la amo più o forse non l'ho mai amata… non profondamente."

Dà un bacio sulle labbra di Tiziana, con tenerezza[tenderness].

"Quando ti sono vicino, non sento solo passione e attrazione perché tu sei bellissima e straordinariamente sexy, ma anche una dolcezza profonda, come uno struggimento[yearning]. Non ho mai provato questi sentimenti con Marina."

"Tu conosci i sentimenti che provo per te, ma devi decidere tu" dice Tiziana. "So cosa vuol dire lasciare qualcuno, io l'ho fatto diverse volte."

Alessandro indossa la maglietta.

"Domani mi devo alzare presto" dice.

Si stende sul divano e Tiziana sul grande letto.

Fuori cala[drops] il buio.

Tiziana sussurra:

"Buona notte."

"Buona notte."

"Ti amo come non ho mai amato nessuno." Ma Alessandro sta già dormendo profondamente.

La mattina dopo alle sei Alessandro e Tiziana sono già in piedi.

"Servono la colazione a partire dalle sei e trenta in questo albergo" dice Tiziana.

"Non importa, parto subito, così sono a Ferrara per le otto."

In quel momento qualcuno bussa alla porta.

È Carlotta, stupita[surprised] dal vedere Alessandro lì.

"Accidenti! E tu che ci fai qui?" esclama.

"È una storia lunga" risponde Tiziana. "Tu invece cosa ci fai qui?"

"Dobbiamo essere al palazzo alle otto, ma prima dobbiamo passare al magazzino^{warehouse} per scegliere i vestiti per le sfilate."

"Hai ragione, me ne ero dimenticata. Alessandro, ti accompagno alla macchina."

"No, non ti preoccupare" risponde lui che la abbraccia sussurrandole:

"Ci vediamo presto, amore."

Appena uscito, Carlotta la guarda severa ed esclama:

"Così adesso state proprio insieme, eh!"

Tiziana sorride maliziosa:

"Sì, proprio insieme."

Carlotta scuote la testa.

"È una stupidata!" esclama. "Quello è fidanzato."

"La vuole lasciare."

"Se lo dici tu…"

"Lo dice lui."

"Gli uomini dicono tante cose!" esclama Carlotta.

"Alessandro non è un uomo qualunque, è serio" dice Tiziana.

"Sì, tanto serio che, appena ti ha visto, non ha esitato a mettere le corna^{to cheat on} alla fidanzata."

"Oh insomma, Carlotta! Che cosa hai oggi?" chiede Tiziana.

"Niente, niente. Soltanto che non voglio vederti soffrire. In questi anni hai passato tanti guai con gli uomini, prima con Richetti poi con Riccardo – ricordi quello che andava con le escort? – poi con Silvio…"

"Ti ho detto che Alessandro non è come gli altri!" esclama Tiziana.

"OK, OK, non posso che fidarmi del tuo giudizio^{opinion}. Ma andiamo adesso! Il lavoro ci aspetta."

Capitolo 6: Marina

Lunghe giornate di lavoro. Alessandro va sempre a letto presto e si sveglia presto di mattina per essere al lavoro prima delle otto. Tornerà a casa sabato perché il venerdì si tratterrà a[will stay at] Ferrara con Tiziana che lo ha pregato[begged him] di restare "per vedersi almeno qualche ora."

Passa una serata straordinaria con lei e torna all'appartamento molto tardi. Sulle scale di casa ha una sorpresa. C'è Marina in piedi davanti alla porta; le labbra tirate in una linea dura, gli occhi castani[brown] che brillano[sparkling] di rabbia[anger], i capelli corti spettinati[uncombed].

"Marina! Cosa fai qui?" grida Alessandro.

"Ti ho aspettato sulle scale" risponde Marina.

"Intendo dire cosa fai qui a Ferrara…?"

"No, qui le domande le faccio io." Marina è arrabbiata.

"Avanti, entriamo!" dice Alessandro.

E qui comincia un'accesa discussione che presto si trasforma in un litigio[quarrell]. Marina è un'amante tradita[betrayed] e ingannata che si comporta come un'amante tradita e ingannata, ma anche come una donna ancora innamorata.

Esce dall'appartamento di Alessandro in lacrime[tears] e sale in macchina. Alessandro le corre dietro.

"Non puoi guidare in queste condizioni "le dice.

"E a te cosa importa?"

"Marina, per favore!" insiste Alessandro.

Marina è salita in macchina e avvia[starts] il motore. Alessandro la prende per un braccio.

"Marina scendi, per favore!"

"Non starò con te un minuto di più, non posso sopportarlo" dice lei in lacrime.

"Ti lascio il mio appartamento. Io vado a dormire da Gianni, va bene?"

Marina scende dalla macchina.

"Me ne vado domattina presto."

"Come vuoi" dice lui. "Ma ti devi calmare."

"Sei un bastardo."

Alessandro l'accompagna nel suo appartamento senza dire una parola. Non ha più niente da dire. Lui invece va da Gianni che è alquanto[rather] stupito e non particolarmente contento di vederlo.

"Che cavolo ci fai qui alle due di notte?" esclama

"È una storia lunga."

"Una storia di donne immagino, comunque non me la raccontare ché voglio dormire. Tu mettiti dove vuoi e lasciami stare."

Alessandro si stende su un divano letto, ma non riesce ad addormentarsi. Continua a pensare a Tiziana e Marina, Marina e Tiziana, Tiziana e Marina… Quando si addormenta è già l'alba[dawn]; alle dieci si sveglia di soprassalto[with a jump] e Gianni non c'è più.

"È uscito senza svegliarmi" pensa Alessandro. E subito dopo il suo pensiero va a Marina. "Accidenti, speriamo che non se ne sia andata!"

Esce a precipizio[in a rush] da casa di Gianni, ma quando arriva al suo appartamento non la trova.

"E adesso? Ma forse è meglio così, forse…"

Sta per digitare il numero di Marina sul cellulare, quando sente bussare[knock] alla porta. Quando va ad aprire rimane a bocca aperta: è la polizia. Un poliziotto gli mostra un foglio[a sheet]. "Abbiamo un mandato per perquisire[search warrant] casa sua" dice.

"Casa mia e perché?" chiede.

"Una telefonata anonima. Qui possiamo trovare l'arma[weapon] del delitto[crime]."

"Delitto, quale delitto?"

"Avanti, non faccia lo gnorri[don't play dumb]. Non ricorda? La modella con cui ha avuto una relazione."

"Io non ho avuto nessuna relazione con Luana." Mentre Alessandro parla con il poliziotto, gli altri perquisiscono l'appartamento.

Trovano l'arma sotto il materasso[mattress]. Il poliziotto la mostra ad

Alessandro dicendo:

"Non è un posto molto originale per nascondere^{hide} un'arma, signor Ceretti!"

"Ma io non ho nascosto proprio niente!" protesta Alessandro.

"Deve venire con noi al commissariato" gli ordina uno dei poliziotti.

Alessandro segue i poliziotti al commissariato dove lo interrogano per ore. Ma lui dà alle loro domande sempre le stesse risposte: che lui Luana la conosceva a malapena^{hardly}, che ha passato la notte con Tiziana e che non è stato lui a ucciderla. Ma non sa rispondere alla domanda su perché l'arma del delitto fosse nel suo appartamento. Continua a ripetere che ce lo ha messo qualcuno e quel qualcuno molto probabilmente è l'assassino.

Ma non gli credono.

È pomeriggio tardi, e ancora Alessandro è al commissariato.

Dopo l'ennesimo^{umpteenth} interrogatorio chiede se se ne può andare.

"No, lei non va da nessuna parte" gli risponde il commissario. "La tratteniamo."

"Vuol dire … in carcere^{jail}?" domanda Alessandro.

"Sì, almeno per 48 ore."

"Ma io non ho fatto niente!" protesta Alessandro.

"Quel coltello con le sue impronte^{fingerprints} sopra sono una prova schiacciante^{damning}."

"Posso almeno fare delle telefonate?" chiede Alessandro.

"Ha cinque minuti" risponde il commissario.

Alessandro telefona a Gianni a cui riferisce l'accaduto^{what happened}.

"Non ci posso credere!" esclama Gianni.

"Credici e soprattutto parla con il capo ingegnere! Devi spiegargli la situazione."

"Dovrei dirgli che sei in prigione^{jail}?" domanda Gianni. "Assolutamente no, quello ti sbatte fuori^{throws you out} su due piedi. Gli racconto una palla^{a lie [vulgar]}."

"Sì, ma prima o poi viene a saperlo."

"No, se si trova il vero colpevole."

"Cosa vuoi dire?" domanda Alessandro.

"Fidati di me, Alessandro. Ti tiro fuori[I'll get you out]."

"Ok, grazie. Devo andare adesso. Ah… Parla anche con Tiziana, per favore!" gli chiede Alessandro.

"Certo, la contatto subito."

"Ciao Gianni."

"A presto."

La sera stessa Gianni telefona a Tiziana. Le racconta quello che è successo.

"Oh mio Dio!" esclama lei. "Non è possibile."

"Purtroppo è proprio così e io gli ho promesso di aiutarlo" dice Gianni.

"Come?"

"Trovando il vero colpevole."

"In che modo?" domanda Tiziana.

"Alessandro mi ha raccontato che anche lui aveva svolto indagini[investigated] quando tu eri finita nei guai."

"Sì, è vero. Ma tu…?"

"Come ho detto ad Alessandro, fidatemi di me!"

"Gianni, anch'io voglio aiutare Alessandro. Se vuoi vengo a Ferrara e ti do una mano" propone Tiziana.

"Non devi lavorare?" chiede Gianni.

"No, qui la sfilata è praticamente finita. Carlotta può occuparsi delle ultime cose."

"D'accordo, puoi venire stasera?" domanda Gianni.

"Sì, certamente, il tempo di parlare con Carlotta e…"

"Aspetta, non dire a nessuno quello che abbiamo intenzione di fare!"

"Neppure a Carlotta?" chiede Tiziana.

"Neppure a lei."

"Non puoi sospettare anche di lei."

"Io sospetto di tutti" dice Gianni.

"Anche di me?"

"No, di te no. So che ami Alessandro."

"Ok, tra due ore massimo sono lì. Dammi l'indirizzo di casa tua!"

Capitolo 7: Indagini

Gianni è un ingegnere elettronico con una specializzazione in informatica: conta proprio sulla sua abilità con il computer per accedere a[to get] informazioni sulle persone che considera possibili colpevoli.

Quando Carlotta arriva, Gianni è già al lavoro. Si siede accanto a lui al computer.

"Sto cercando informazioni riguardo ai possibili colpevoli" dice.

"Quali sono questi possibili colpevoli?" domanda Gianni.

"Quelli che potevano avere il modo e l'occasione di uccidere Luana e anche di mettere il coltello a casa di Alessandro. Ma io non conosco tutti quelli che erano presenti alla sfilata e che conoscevano Luana."

"Neppure io. Diciamo che conoscevo le persone che erano più vicine a lei."

"Silvio e Veronica, giusto?" chiede Gianni.

"Giusto."

"C'è qualcun altro, non so… un ex fidanzato, un marito tradito?"

"No, Veronica ha avuto pochissime relazioni. Anzi, diverse volte ho avuto anche il sospetto che gli uomini non le piacessero molto."

"Ah… Questo non lo immaginavo" commenta Gianni.

"E comunque io credo che l'assassino possa essere Silvio" dice Tiziana.

"Perché lo detesti?"

"Sì, è vero lo detesto, ma non dico il falso: Silvio è un violento."

"Ok, vediamo di scavare[dig] su questo Silvio. E cosa mi dici di Veronica?" domanda Gianni.

"So pochissimo di Veronica. È un tipo molto comune…"

"Non si direbbe."

"Non d'aspetto, sciocco, come la maggior parte delle modelle è molto bella, lo so. Ma per il resto è un tipo molto… normale. Inoltre era molto amica di Luana. È lei che si è occupata del funerale e tutto" spiega Tiziana. "Altri sospetti?"

"Sì, Marina!" risponde Gianni.

"Chi? La fidanzata di Alessandro? Ma era a Milano" esclama Tiziana.

"Questo lo pensiamo noi. Però potrebbe essere venuta qui, potrebbe anche aver ucciso Luana per gelosia o solo per incastrare^frame il fidanzato."

"Mi sembra un'ipotesi fantasiosa."

"Forse, ma da verificare" dice Gianni.

"Come?" domanda Tiziana.

"Con internet. Se lo si sa usare, Internet è il miglior detective del mondo."

Alla fine della serata Gianni ha trovato una grande quantità di materiale.

Su Silvio: tre denunce da parte di modelle (tutt'e tre ritirate) per aggressione e percosse^blows. Due foto che lo ritraggono^two portraits of him la sera della festa insieme a Veronica. L'ora di uscita dalla festa di Silvio: l'una di notte, l'ora di arrivo all'albergo segnalata dal parcheggio: le 4.30.

"Non ha alibi, anzi al contrario "dice Gianni. "Silvio è stato da qualche parte per più di tre ore. E se questo 'qualche parte' fosse la stanza d'albergo di Luana? Tu hai detto che è un violento. Sta con lei, qualcosa lo fa scattare^go off, prende un coltello e la uccide. Poi torna a casa. Per sviare^divert i sospetti mette il coltello nell'appartamento di Alessandro. A proposito… era a Sabbioneta con voi?" domanda Gianni.

"Soltanto per due giorni, poi è tornato a Ferrara."

"Quindi era qui per mettere il coltello a casa di Alessandro."

"Pensi quindi che sia stato lui?" chiede Tiziana.

"È possibile, tempo, luogo, occasione… e anche il movente, se si pensa a un movente passionale."

"Cavolo Gianni, parli come un poliziotto!"

"Come un detective. Quando ero ragazzo seguivo tutte le trasmissioni^programs sui delitti e ho letto centinaia di gialli^thrillers. Volevo studiare criminologia…"

I gialli

Si chiamano così thriller e romanzi polizieschi in italiano.
Prendono il nome dalla serie storica pubblicata dalla casa editrice Mondadori (una delle case editrici più grandi e importanti in Italia) dedicata ai generi noir e poliziesco.

"Perché non lo hai fatto?" chiede Tiziana.

"È intervenuto mio padre, e mi ha praticamente obbligato a studiare ingegneria. Non che mi dispiaccia, ma la mia vocazione è quella del… segugio^hound."

"Bene, segugio, mi pare che tu avessi altri indiziati^suspect, no?"

"Sì, Veronica" risponde Alessandro. "Ma su di lei non ho trovato quasi niente. Passato pulito, nessuna denuncia, nessun arresto, neanche una contravvenzione^fine. Ha studiato a un liceo di suore^nuns – come Marina la fidanzata di Alessandro, pensa un po' – e subito dopo la maturità^(high school leaving examination) ha cominciato la sua carriera di modella. Ma la cosa più importante è che Veronica ha un alibi, cioè una specie

di alibi: ha lasciato la festa come Silvio alle una e mezza e non sappiamo a che ora è arrivata in albergo. Però c'è un particolare^detail che mi fa pensare che non possa essere stata lei."

"Quale particolare?" domanda Tiziana.

"Veronica è mancina^left-handed. Questo particolare è segnalato nella sua scheda^card come modella. Chi ha ucciso Luana è invece destra^right-handed."

"Quindi non può essere stata lei" conclude Tiziana.

"Credo proprio di no."

"E invece su Marina che cosa hai trovato?" chiede Tiziana. "Se Alessandro sa che stai indagando sulla sua fidanzata, sicuro che s'incavola."

"Sulla sua *ex*-fidanzata e comunque lui sa che Marina non mi è mai piaciuta particolarmente" dice Gianni. "A me non piacciono quelle tipe così, sai… casa e chiesa. Comunque sul suo passato ho trovato soltanto nella sua cartella scolastica un certificato di uno psichiatra che parla di forte depressione d'abbandono."

"Una delusione^disappointment amorosa?" domanda la ragazza.

"Credo, non è più preciso" risponde Gianni. "Comunque a parte questo, non ho trovato niente che indichi un qualsiasi spostamento[movement] di Marina. Il giorno precedente al delitto è uscita regolarmente dall'ufficio e il giorno dopo è arrivata in ufficio puntualmente… Dovrei andare a Milano a fare indagini."

"Ne vale la pena[is it worth it]?"

"No, non credo. Per quanto Marina non mi piaccia, non credo sia una pista[a lead] che vale la pena di seguire. Non mi pare[seems] proprio una mente[mind] diabolica!"

"Quindi resta Silvio" dice Tiziana.

"Lui mi sembra sempre il più probabile. Ma naturalmente queste sono solo ipotesi, mancano le prove."

"E come pensi di trovare le… prove?" domanda Tiziana.

"Dalla realtà virtuale passiamo alla realtà 'reale'" risponde Gianni.

"Cioè?"

"Usciamo di qui e andiamo a interrogare le persone."

"A quest'ora? È quasi mezzanotte" dice la ragazza.

"Il delitto è avvenuto di notte. Se qualcuno ha visto qualcosa deve essere stato di notte. Sei stanca?" domanda Gianni.

"No, io sono abituata a[I'm used to] fare le ore piccole. Feste, ricevimenti… vanno avanti a volte fino a mattina presto" spiega Tiziana.

"Sì, che vita, eh! Noi ingegneri non abbiamo tutti questi divertimenti!" commenta Gianni.

"Beh, è meno divertente di quanto si pensi. Dopo un po' vengono a noia e per di più sono stressanti. Ti sembra sempre di essere in vetrina[shop window] e a un certo punto desideri solo un po' di privacy."

I due escono e salgono sulla macchina di Gianni.

"Dove andiamo?" chiede Tiziana.

"All'albergo dove alloggiava Luana" risponde Gianni. "Vediamo di trovare qualcuno che ha visto qualcosa."

L'albergo è piccolo, ma molto elegante, una villa del Seicento circondata da un bel giardino.

Gianni parla con il portiere che sta guardando un film alla televisione.

"No, non ho visto nessuno entrare qui quella sera" risponde lui un po' seccato. "E comunque l'ho già detto alla polizia." Ritorna a guardare la televisione.

Gianni nota che, guardando la televisione, il portiere da' le spalle all'entrata.

"Stava guardando la televisione anche quella sera?" gli chiede Gianni.

"E questo che cosa vuol dire?" risponde lui sgarbato[rude].

Gianni tira fuori dal portafoglio[wallet] quattro biglietti da dieci euro. Il portiere si sporge verso di lui e gli prende le banconote dalle mani.

"Ok, sì. Stavo vedendo la televisione e sinceramente non ho visto neppure la signorina entrare."

"E ha visto qualcuno uscire?" domanda Gianni.

"No, nessuno."

"Ha visto forse una Ferrari parcheggiata qui fuori?"

"Sì, una Ferrari non si vede tutti i giorni da queste parti… Era parcheggiata proprio qui davanti" risponde il portiere.

"Fino a che ora?"

"Non so fino a che ora. So però che c'era alle tre perché mi ha chiamato un cliente che non riusciva a trovare parcheggio. Quando sono uscito l'ho vista, ricordo che ho pensato: 'Che bella Ferrari! Come mi piacerebbe guidarla almeno una volta!'"

"Di che colore era?" chiede Gianni.

"Nera e … " Il portiere smette di parlare e Gianni tira fuori altri tre biglietti da dieci euro.

"Se era parcheggiata qui davanti, com'è che non l'ha sentita partire?" domanda Gianni.

"Forse se n'è andato la mattina dopo colazione."

"E se ne fosse andato alle quattro?"

"Allora è possibile che a quell'ora io… beh sì, forse dormivo."

"Ultima domanda. Qui intorno gira qualche senzatetto[homeless person]? Qualcuno che può aver visto qualcosa?" domanda ancora Gianni.

"No, non credo proprio. La notte qui intorno è deserto" risponde il portiere.

Gianni e Tiziana escono dall'albergo.

"E adesso? Cosa facciamo?" domanda Tiziana.

"Andiamo all'albergo dove ha alloggiato Silvio" risponde Gianni.

"Sai dove ha alloggiato Silvio! Come fai ad avere 'ste informazioni?" esclama Tiziana.

"Semplici telefonate e qualche ricerca al computer."

Gianni e Tiziana vanno all'albergo dove ha alloggiato Silvio. Parlano con il portiere. Anche lui, dopo aver preso i cinquanta euro offerti da Gianni, racconta che il signor Aurenti (Silvio) è rientrato molto tardi, quasi di mattino.

"Questo non dimostra niente però" commenta Tiziana.

"No, tuttavia... Aspetta, mi è venuta in mente una cosa, torniamo dal portiere!"

Gianni tira fuori di nuovo dei soldi borbottando^{muttering}:

"Questa storia mi sta costando una fortuna!"

"Il giorno dopo per caso ha portato dei vestiti a lavare per il signor Aurenti?" domanda al portiere.

"No" risponde il portiere.

"Ha visto se quando era rientrato era sporco di sangue?" domanda ancora Gianni.

"No, direi di no. Però adesso che mi ci fa pensare indossava una specie di trench. Io mi sono meravigliato^{I was surprised} perchè non pioveva. Ma sa come sono questi della moda, un po' stravaganti..."

Tiziana e Gianni escono.

"Ho capito che cosa stai cercando: il vestito che indossava" dice Tiziana.

"Sì, vestito, scarpe... Hanno detto che la vittima era praticamente immersa nel sangue... Quindi il sangue deve essere schizzato sulla giacca, sui pantaloni. Probabilmente lui ha camminato nel sangue. Quindi..."

"Quindi" continua Tiziana "si è liberato di tutto in camera. Prima

40

ha messo un trench per coprire giacca e pantaloni sporchi, e probabilmente li ha buttati. Ma sono passati diversi giorni e non ha senso guardare nei cassonetti."

"Già però ... tu pensi che abbia buttato via anche le scarpe? Sono facili da pulire in genere e ..."

"E Silvio è un maniaco delle scarpe, ci spende anche mille, duemila euro" osserva Tiziana. "E quella sera ho notato che aveva le scarpe di pelle nera di Ferretti, le sue preferite."

"Perciò forse ha tenuto le scarpe!" esclama Gianni.

"Sì, ma se le ha pulite non si vedrà niente?"

"Allora non segui il mondo del crimine! Tracce di sangue rimangono sempre, si rivelano con un liquido speciale che ci si può procurare."

"Ma come fai a 'procurarti' le scarpe? Ammesso che ci siano ancora…"

"Silvio starà ancora a Ferrara per un giorno e una notte. Ho visto che parteciperà a un ricevimento questa sera."

"E tu cosa vorresti fare?" domanda Tiziana.

"Un salto da lui."

"Stai scherzando? Non puoi entrare nella camera di qualcuno. È violazione[violation] di... di…Non so come si dica."

"Violazione di domicilio[trespassing], ma io non violo niente e in una stanza d'albergo è più facile di quanto si pensi. Lascia fare! Adesso però sarà meglio andare a letto. Se vuoi puoi dormire da me sul divano letto dove ha dormito Alessandro quando Marina lo ha cacciato[sent him away]."

"Marina lo ha cacciato di casa? Non me lo aveva detto. Mi dispiace, gli ho procurato dei guai[got him into trouble]."

"In queste questioni di cuore non ci sono leggi[laws]."

"Forse non hai letto soltanto libri gialli, ma anche un pó di Harmony[type of romantic novel], vero Gianni?"

Gianni ride.

"Forse, qualcuno."

Gianni è riuscito a entrare nella camera di albergo di Silvio. Non ha detto a Tiziana come abbia fatto. Tuttavia lei immagina che abbia dato dei soldi a qualcuno, al portiere oppure alla donna di servizio. La cosa importante è che ha le scarpe. Le ha trovate nell'armadio perfettamente pulite.

"Sei sicuro di trovare del sangue su quelle scarpe così linde^{clean}?" chiede Tiziana.

"Se non ne trovo sopra, ne trovo sotto la suola^{sole}. Guarda!" Gianni mostra la suola delle scarpe dove si vedono tracce rossastre.

"Pensi che sia il sangue di Veronica?" chiede Tiziana.

"Penso proprio di sì. Anzi, ne sono sicuro, infatti voglio andare alla polizia con queste scarpe e la testimonianza^{testimony} del portiere."

"Pensi che sia sufficiente?"

"Beh, almeno a far dubitare della colpevolezza di Alessandro sì. Ho già preso appuntamento con il commissario. Lo avevo conosciuto quando avevano accusato me. È un tipo intelligente."

"Bene, vengo con te allora."

Gianni ha ragione: il commissario che sta svolgendo le indagini sul caso di Veronica è un tipo intelligente. Anche lui nutriva dei dubbi a proposito della colpevolezza di Alessandro.

Non vedeva il movente, e inoltre Alessandro aveva un alibi.

"Un alibi?" ha chiesto Tiziana. "Non lo sapevo."

"Sì, è un alibi un pó labile, visto chi glielo ha fornito. Ma sempre un alibi."

"Chi glielo ha fornito?"

"Una vicina di casa di Alessandro, una di quelle signore anziane che dormono poco e osservano tanto. Ha detto che lo ha visto dalla finestra mentre rientrava a casa verso le tre di notte."

"E quindi Alessandro è libero?" domanda Tiziana.

"Sì, il commmissario lo ha fatto rilasciare, ma non può allontanarsi."

"E hanno arrestato Silvio?"

"No, i poliziotti non lo hanno trovato. Ha lasciato la sfilata prima della fine, è salito sulla sua Ferrari e da allora nessuno lo ha più visto.

"Qualcuno lo ha avvertito" commenta Tiziana.

"Probabile. E la sua fuga lo indica senza dubbio come il colpevole" replica Gianni.

"Sì, senza dubbio."

I due vanno prendere Alessandro al carcere. Pallido, barba lunga, un segno sotto un occhio.

Tiziana lo abbraccia e gli sfiora la guancia^{cheek}.

"Cosa è successo, amore? Ti hanno picchiato?"

"Non è successo niente, non ti preoccupare Tiziana" risponde lui. "Ma per fortuna mi avete tirato fuori di lì. Diciamo che non è proprio il mio ambiente."

Gianni ride.

"Vuoi vedere che stai diventando spiritoso?!" esclama.

"Hanno arrestato Silvio?" domanda Alessandro.

"No, è scappato."

"Davvero? Cavolo!"

Alessandro guarda il cellulare che gli hanno appena riconsegnato all'ingresso della prigione. "Accidenti, Marina… mi ha scritto dodici messaggi."

Alessandro mette il cellulare in tasca.

"Cosa fai? Non li leggi?" chiede Gianni.

"No, a casa, prima una doccia e qualche ora di relax."

Tiziana lo guarda sorridendo:

"Posso aiutarti?" chiede.

"Sì, ma prima fammi sistemare.

Sai che così con quella barba lunga e l'occhio tenebroso^{sombre} quasi quasi mi piaci di più."

Gianni ride:

"Perversa la tua nuova fidanzata, eh? Mi piace!"

43

Capitolo 8: Tutto alla normalità, o quasi

E tutto sembra tornare alla normalità.

Alessandro va al lavoro, Tiziana si trattiene a Ferrara, Gianni rimpiange^{misses} i giorni delle sfilate. Continua a lamentarsi perché Alessandro passa tutto il suo tempo libero con Tiziana e lo lascia solo. Questo fine settimana però Alessandro deve tornare a Milano. Deve assolutamente parlare con Marina anche se sa che la situazione sarà terribilmente penosa^{painful} e che Marina sarà distrutta. Invece lui è felice, felice come non è mai stato e per questo si sente ancora più in colpa verso Marina.

Venerdì Tiziana va a prenderlo al lavoro.

"Come mai qui? Sai che devo andare a Milano" dice Alessandro.

"Sì, certo. Volevo solo salutarti. Io vado a Bologna. Sai che la sede della nostra ditta è a Bologna e abbiamo fatto riportare i vestiti là. Carlotta si è occupata di tutto e io mi sento in colpa. Non che lei si lamenti^{complains}, però io capisco che ce l'ha con me."

"Perché la fai lavorare troppo?" domanda Alessandro.

"Sì, perché in queste settimane a causa della storia con te le ho caricato^{charged} sulle spalle la responsabilità dell'azienda. E poi…"

"E poi…"

"Non so… forse c'è qualcosa di più. Io e Carlotta, vedi?, in questi anni abbiamo avuto un rapporto molto stretto, quasi più che amiche…" spiega Tiziana.

"Intendi dire … intimo, fisicamente?"

"No, ma cosa vai a pensare?! Intimo psicologicamente, sciocco! E adesso per la prima volta mi sono allontanata da lei e credo che lei ci soffra."

"Mi dispiace che con il nostro rapporto facciamo soffrire delle persone."

"Sì, dispiace anche a me, ma temo^{I'm afraid} che non ci possiamo fare niente, vero?" domanda Alessandro.

"No, proprio niente."

Alessandro parte da Milano prima del previsto. Ha fatto quello che doveva fare: parlare con Marina. È stato difficile e doloroso. Le ha anche offerto di pagare tutte le spese già sostenute per il matrimonio. Non è però sicuro che abbia capito: continuava a piangere e a dire che lei non poteva vivere senza di lui. Infine se n'è andato desolato.

La mattina della domenica decide di partire per Bologna. Ha voglia di vedere Tiziana. La chiama, ma non risponde.

"Forse sta ancora dormendo" pensa. Un'ora dopo è a Bologna.

> ### Bologna
> Come Ferrara, Bologna si trova nella regione dell'Emilia Romagna. È una città piuttosto grande (di circa 400.000 abitanti), uno dei centri storici più grandi d'Italia e un importante centro culturale e artistico.
>
> Uno dei simboli della città è la **Torre degli Asinelli** costruita tra il 1109 e il 1119 per conto della famiglia degli Asinelli per prestigio ma anche per ragioni militari.
>
> Il centro della vita di Bologna è **Piazza Maggiore.** Qui si trovano gli edifici più importanti della città medievale: il **Palazzo Comunale del Trecento,** il **Palazzo dei Bianchi** del Cinquecento, la **Basilica di San Petronio,** l'elegante **Palazzo del Podestà** e la bellissima **Fontana di Nettuno.**

Tiziana gli aveva dato l'indirizzo di casa sua. Abita in un appartamento nel centro città nella zona dei portici.

> ### I portici
> I portici sono un'altra delle caratteristiche di Bologna. Ci sono ben 40 chilometri di porticati, da quelli eleganti della **Chiesa dei Servi** a quelli con dipinti di **Piazza Malpinghi.** I porticati sono belli e anche utili: durante la bella stagione proteggono dal sole e nei mesi freddi dalla pioggia.

Alessandro sale all'appartamento e suona il campanello, ma non risponde nessuno. La chiama di nuovo al cellulare, che è ancora spento.

"Accidenti! Questo non lo avevo previsto[foreseen]" pensa. "Sicuramente a quest'ora non sta dormendo. Cosa può essere successo? Provo a chiamare Carlotta."

Alessandro telefona a Carlotta, ma anche il suo telefonino è spento. Va in un bar vicino dove beve un caffè. Ritorna all'appartamento, suona il campanello e bussa di nuovo.

La porta accanto^{next to it} si apre. Si affaccia un vecchio signore con bianche sopracciglia cespugliose^{bushy}.

"Sta cercando la signorina?" domanda.

"Sì" risponde Alessandro

"Lei chi è?"

"Il suo fidanzato."

"Ah! Sa… non credo che ci sia. Stanotte deve essere uscita" dice l'uomo.

"Stanotte?"

"Sì, ho sentito la porta che si chiudeva" dice l'uomo. "Qui si sente tutto, sa, e io vado a dormire molto tardi. Sono un vecchio e dormo poco."

"Di notte? Sa se era da sola?" chiede Alessandro.

"No, non credo. Mi è sembrato di sentire delle voci, però non sono sicuro…"

Alessandro ringrazia. Scende le scale lentamente pensando al da farsi. Mentre sta uscendo vede per terra vicino alla porta qualcosa di colorato. Lo prende in mano.

"È il braccialetto^{bracelet} di Tiziana!" esclama. "Perché è qui?"

Telefona a Gianni e gli spiega la situazione.

"Pensi che sia successo qualcosa?"

"Non so, ho un brutto presagio^{I have a bad feeling about it}. Per di più questa cosa del braccialetto…"

"Può esserle caduto, no?"

"Sì, ma non credo che sia un caso. Io credo che lei lo abbia fatto cadere apposta^{on purpose}" risponde Alessandro.

"Hai telefonato a Carlotta?" domanda Gianni.

"Certo, ma anche lei ha il telefono spento."

"Hai il numero di telefono di altri amici di Tiziana?"

"No, purtroppo no" risponde Alessandro.

"Parenti?"

"No, Tiziana è orfana."

"Però c'è sempre la sua casa di moda… Potresti andare dove lavora. Forse lì sanno qualcosa."

"È domenica!" fa notare Alessandro.

"Abbiamo visto a Ferrara che questi della moda lavorano spesso anche di domenica."

"Sì, hai ragione. Riesci a trovarmi l'indirizzo dell'azienda qui a Bologna?" domanda Alessandro.

"Dammi un paio di minuti e arriva."

Alessandro va all'azienda di Tiziana che si trova nella periferia di Bologna, ma la trova chiusa. Poi telefona agli ospedali della città alla ricerca della ragazza e le risposte sono tutte negative. Da una parte è sollevato^{relieved}: Tiziana non è stata male né ha avuto alcun incidente, ma nello stesso tempo è ancora più angosciato^{upset}. Continua a chiedersi cosa è successo.

In quel momento gli suona il telefono.

"Viene dal numero di Tiziana!" pensa contento.

"Tiziana, amore, dove sei?" grida Alessandro.

"Io… io… Io sono qui con Carlotta."

La voce di Tiziana è flebile^{feeble}, come se le mancasse il respiro^{breath}.

"Tiziana, cos'hai?" chiede Alessandro. "Che cosa…?"

"Alessandro, io…"

La voce cambia. Adesso è Carlotta che parla:

"Alessandro, sono Carlotta. La tua fidanzata è qui con me."

"Sì, ma perché…?"

"Sta' zitto e ascoltami! Vieni immediatamente se non vuoi che le succeda qualcosa."

Alessandro sente la voce di Tiziana che grida:

"No, non venire! Ti vuole uccidere" e poi quella di Carlotta:

"Sta' zitta, sta' zitta o ti faccio stare zitta io, stronza!"

"Cosa succ...?" comincia Alessandro. E Carlotta:

"E tu vieni subito qui oppure la faccio fuori^(I'll kill her). E vieni da solo!"

"Sì, ma dove?" domanda Alessandro.

"Scuola elementare, via Relpighi 7. Quando sei lì, ti chiamo di nuovo per darti indicazioni. E ascolta! Non dirlo a nessuno, o lei muore."

"Arrivo."

Alessandro è un tipo che in genere mantiene il sangue freddo^(keeps a cool head), ma appena finisce di parlare comincia a tremare^(shiver).

"Non devo lasciarmi prendere dal panico" si dice. "Devo andare e prepararmi ad affrontare Carlotta." È tentato di chiamare Gianni. Però poi pensa che, se Carlotta fa il suo numero e lo trova occupato, crederà che stia avvertendo^(that I'm warning) qualcuno, magari la polizia. Guarda su google map per trovare indicazioni su come arrivare alla scuola. Appena in macchina, manda un messaggio a Gianni:

```
Sono alla scuola di Via Relpighi.
Tiziana tenuta prigioniera da Carlotta.
Avverti la polizia. Non chiamare sul mio cell.
```

Dieci minuti dopo Alessandro è davanti alla scuola.

Appena arriva, suona il cellulare. È la voce di Carlotta:

"Adesso vai sul retro, c'è una porta aperta. Entra e scendi le scale."

Alessandro va in Via Relpighi, dove si trova la scuola elementare. La scuola è chiusa, il vialetto che conduce all'ingresso sbarrato da un cancello con un catenaccio^(padlock).

Alessandro vi gira intorno. Sul retro trova una porta, mette la mano sulla maniglia^(handle): è aperta. Entra, ci sono delle scale che conducono verso il basso.

"Qui deve esserci la palestra^(gym) della scuola" pensa.

Alessandro scende le scale lentamente perché è tutto immerso nel buio. Ma non è ancora arrivato alla fine della scala che qualcosa lo colpisce con forza alla testa. Cade a terra privo di sensi^(passed out).

Quando si risveglia, gli occhi gli bruciano e la testa gli duole^hurts. Si guarda intorno ma non vede quasi niente a causa del buio. Le prime parole che sente sono pronunciate da Carlotta:

"Buongiorno." Il tono della voce suona allegro^cheerful ed euforico.

"Dove si trova Tiziana?" chiede Alessandro.

"Ah Tiziana, è proprio accanto a te!"

Alessandro cerca di muoversi, ma si accorge di avere le mani legate^tied dietro la schiena. Anche Tiziana è legata ed è proprio accanto a lui. È distesa sul pavimento della palestra e sembra priva di sensi.

"Che cosa le hai fatto?" chiede Alessandro.

"Niente di particolare. Soltanto che mi aveva scocciato^bothered me, parlava e parlava, una noia… allora le ho dato qualcosa per farla dormire un po'. Dopotutto io non ce l'ho con lei, ce l'ho con te. Sei tu che me l'hai portata via."

"Portata via? Cosa vuol dire?

"Io e Tiziana abbiamo sempre avuto una relazione speciale, molto speciale. Poi sei arrivato tu e hai rovinato tutto."

"Per Tiziana tu eri soltanto un'amica!" esclama Alessandro.

Carlotta gli si avvicina in un balzo^jump. Lo prende per i capelli tirandogli indietro la testa con violenza. Alessandro trattiene un gemito^moan di dolore.

"Tu non ti permettere di parlare di me e Tiziana! Tu non sia niente di me e Tiziana e non hai nessun diritto di parlarne, stupido bastardo." Queste ultime parole Carlotta le ha gridate.

Alessandro vede che è fuori di sé.

"Carlotta ascolta… Io credo che Tiziana ti voglia molto bene, ha sempre parlato di te…" comincia a dire.

Non finisce la frase perché Carlotta lo colpisce con un forte schiaffo^slap sul viso.

Poi puntandogli il dito contro, grida che lui non deve parlare di Tiziana.

"Tu non hai capito un cazzo, tu devi stare zitto, oppure io ti ammazzo qui, subito, come un cane ti ammazzo… io…"

Carlotta si interrompe.

"Zitto, zitto…" sussurra. "C'è qualcuno!"

Alessandro non dice niente, anche lui ha sentito un rumore: gli sembrava una porta che si chiudeva. Forse la porta sul retro da cui è entrato anche lui.

Carlotta prende qualcosa dalla tasca. Alessandro ha un brivido^{shudder}: è una pistola.

"Cosa vuoi fare?" domanda.

"Sta' zitto!" Carlotta gliela punta contro.

"Mettila giù, non fare sciocchezze!"

Carlotta gli si avvicina e gliela punta alla testa. Alessandro chiude gli occhi.

"È la fine" pensa.

Il suono secco di uno sparo risuona. Per una frazione di secondo un pensiero attraversa come un fulmine la mente di Alessandro: "Sono morto", ma subito dopo capisce che non è lui ad essere stato colpito, è Carlotta che è caduta a terra. Alessandro vede che l'uomo che ha sparato è un poliziotto. Accorre verso di lui. Gli slega^{unties} le mani.

"Sta bene?" chiede.

"Sì, tutto a posto, grazie." Alessandro vede che il poliziotto non è solo, ma accompagnato da altri due. Si china^{bends over} su Carlotta mentre chiama un'ambulanza.

"Non è morta vero?" domanda Alessandro.

"No, soltanto ferita. L'ho colpita a una spalla."

Alessandro sta cercando di svegliare Tiziana che tuttavia sembra immersa in un torpore profondo.

"Lei sta bene?" domanda un infermiere.

"Sì, le ha dato un forte sonnifero^{sleeping pill}. Sta solo dormendo" risponde Alessandro.

Adesso altri due poliziotti sono entrati nella palestra.

"Lei deve farsi medicare" dice un poliziotto. "Sta sanguinando^{you're bleeding}."

Alessandro non risponde, prende in braccio Tiziana e la porta fuori. Si sente molto debole e barcolla. Tiziana adesso dà qualche segno di vita.

Borbotta qualcosa in modo confuso che Alessandro non riesce ad afferrare[understand]. La depone a terra.

Finalmente Tiziana apre gli occhi.

La sua prima domanda è: "Cosa è successo?"

"Carlotta, è stata Carlotta" risponde Alessandro. "Ti ha preso, poi ha attirato me nella palestra della vostra ex scuola e…"

"Oh Dio, sì adesso ricordo. Carlotta… oh Dio, sì, Carlotta voleva ucciderti… " Tiziana cerca di alzarsi, ma ricade indietro.

"Calma, calma!" Alessandro la prende per le spalle. "Vieni, siediti qui!" La accompagna alla panchina. Si è appena seduta quando arriva l'ambulanza che si ferma davanti alla scuola.

"Per chi è l'ambulanza?" domanda Carlotta.

"Carlotta… è stata ferita[wounded]" risponde Alessandro.

Qualche minuto dopo gli infermieri escono dalla porta. Trasportano la portantina[stretcher] su cui è stesa Carlotta che si lamenta.

Tiziana si alza e cerca di avvicinarsi, ma Alessandro la trattiene.

"No, sta' seduta!"

"È grave?" chiede Tiziana.

"No, non è grave, non credo almeno."

"E tu?" Tiziana gli tocca il sangue raggrumato[clotted] a lato del volto.

"No, io sto bene" risponde Alessandro.

"Non vuoi farti vedere?"

"No, non adesso."

Il poliziotto, che gli aveva parlato prima, si è avvicinato al giovane.

"Dovresti farti vedere" gli dice.

"No, sto bene, davvero."

"Tu e la ragazza, ve la sentite di venire al commissariato?"

51

"Sì, certamente" dice Alessandro, "tu Tiziana?"

"Io… io non ho niente. Sono solo intontita^(made dizzy) dal sonnifero" risponde lei.

Al commissariato Alessandro e Tiziana raccontano quello che è successo. Dopo il racconto di Alessandro, è il turno di Tiziana. Dice che quella mattina aveva un appuntamento con Carlotta che la voleva portare in un posto speciale per il suo compleanno.

"È il tuo compleanno?" chiede Alessandro. "Non lo sapevo… perché non me lo hai detto?"

"Per favore, lasci finire la signorina!" lo rimprovera il commissario irritato.

"Io sono andata con lei in macchina a casa sua" continua Tiziana. "Qui mi ha offerto la colazione: ho bevuto un thè e ho mangiato dei biscotti. Probabilmente il sonnifero era dentro il caffè, ma ha fatto effetto soltanto dieci quindici minuti dopo, quando eravamo di nuovo in macchina. Mi ricordo di essermi addormentata di colpo mentre lei mi parlava."

"Che cosa le ha detto?" domanda il commissario.

"Quando eravamo in palestra e aspettavamo l'arrivo di Alessandro sì, mi ha parlato. Io ero un po' intontita dal sonnifero, ma ricordo bene quello che ha detto. Mi ha chiesto: 'Sai cos'è la cosa peggiore per me?' E senza darmi il tempo di rispondere, ha detto: 'Le bugie e il tradimento.' 'Sì, sono tra le cose peggiori' ho risposto io. E lei: 'Tu non hai diritto neppure di pensarlo perché tu non hai mai subito un tradimento e in quanto a bugie, sei tu la bugiarda, una bugiarda fatta e finita.' 'Non è vero' ho protestato io. 'Certo che sì. Hai tradito Silvio, gli hai voltato le spalle. Appena lui non si è rivelato esattamente come volevi tu, hai tradito Enrico, perché ti aveva stufato. E infine, hai tradito me.' 'Tu? Cosa c'entri tu?' ho chiesto. A quel punto si è infuriata^(enraged). 'Io ti amo, Tiziana, non lo hai capito, io ti amo. Ma siccome tu non davi segno di volere stare con me io mi sono rivolta ad altri, ho dovuto rivolgermi ad altre.' Ho capito che parlava di Luana."

"Ha confessato di averla uccisa?"

"Proprio così. Ha detto che l'aveva uccisa perché si era stancata della loro relazione, perché aveva capito che le donne non le piacevano più… Carlotta ha detto che, come tanti altri, anche lei le aveva voltato

52

le spalle. Poi a un tratto si è alzata di scatto ed è venuta verso di me." Ho sentito un pizzico al braccio, credo che mi abbia fatto una puntura[injection]... Da lì niente più, è calato il buio[it became dark]."

"Anche a lei ha detto qualcosa dell'omicidio di Luana?" domanda il commissario.

"No, niente. Ha parlato di me e Tiziana, del fatto che io gliel'ho portata via... E quando siete arrivati voi stava per uccidermi."

"Aveva sospettato qualcosa a proposito della sua amica Carlotta?" chiede il commissario. "Perché voi eravate molto amiche, vero?"

"Sì, molto amiche. E io pensavo anche di conoscerla a fondo[deeply]."

"Non voglio recitarle dei luoghi comuni[clichés] common places, signorina. Però nessuno conosce nessuno mai davvero a fondo."

Alessandro sorride.

"Sì, è un luogo comune, lo so" ripete il commissario "ma le assicuro che è più vero di quanto si pensi."

In quel momento entra un poliziotto. Ha in mano in un incartamento[dossier].

"Questa è una parte delle informazioni commissario" dice.

Il commissario sfoglia l'incartamento. Si rivolge a Tiziana:

"Sapeva che Carlotta è stata in un ospedale psichiatrico per due anni?" domanda.

"Carlotta in un ospedale psichiatrico? Quando?" domanda Tiziana.

"A diciassette anni, dopo aver lasciato l'accademia di danza."

"Mi aveva detto che era stata all'estero. Infatti mi ero stupita di non avere notizie da parte sua" dice Tiziana.

"Perché era in un ospedale psichiatrico?" domanda Alessandro.

"Una forma di schizofrenia aggressiva" risponde il commissario. "Aveva tentato di uccidere un suo vicino di casa."

"Due anni sono un periodo lungo" commenta Alessandro "ma evidentemente Carlotta era stata dimessa, ma non era guarita[she hadn't recovered]."

"Proprio così. Carlotta, grazie alla sua bellezza, ha trovato presto lavoro come modella in una casa di moda francese" continua il commissario.

"Sì, questo lo sapevo, la Deor" dice Tiziana.

"Già, e le aveva anche detto perché aveva lasciato il posto?" domanda il commissario.

"Aveva detto che voleva tornare in Italia e aveva trovato un posto pagato meglio presso un'altra casa di moda" risponde la ragazza.

"Quindi non le aveva parlato della morte di un giovane un certo Hugo Lamartine?"

"No assolutamente no. Chi era questo Hugo Lamartine?" domanda Tiziana.

"Un modello che lavorava nella stessa casa di moda di Carlotta. Lei lavorava a stretto contatto con lui. L'assassino non è mai stato trovato."

"Pensate che possa essere stata lei?" chiede Alessandro.

"Alla luce dei nuovi fatti, direi che ci sono buone probabilità che la colpevole sia proprio Carlotta."

"Una pluriomicida quindi!" esclama Alessandro.

"Potrebbe essere, sì. Ha ucciso Hugo, ha ucciso Luana, stava per uccidere Alessandro e forse anche lei, Tiziana" dice il commissario.

"Quindi non è Silvio l'assassino!" esclama Tiziana.

"No, visto che, come lei ha detto, Carlotta ha confessato l'omicidio di Veronica. Ma ne sapremo di più quando avremo interrogato Carlotta. Voi potete andare, ma rimanete a disposizione."

Appena fuori dal commissariato Alessandro e Tiziana si abbracciano forte.

"Ho avuto tanta paura per te" dice Alessandro.

"Io mi... sono addormentata prima!" replica Tiziana.

Alessandro ride.

"Vedo che, nonostante tutto, non hai perso il tuo senso dell'umorismo" commenta.

"Sono... ah non so cosa sono, sconvolta, senz'altro, ma anche contenta che questa storia sia finita" dice Tiziana. "Anche quando hanno tentato di ucciderti, quel pirata della strada... sai quante volte ci ho pensato... quindi era stata Carlotta..."

"Sì, e nessuno lo aveva intuito" dice Alessandro.

"Io soprattutto! Ho vissuto accanto a lei per anni e non mi sono accorta di niente. Santo cielo, che stupida!"

"Ma no, come potevi saperlo?"

"Dovevo saperlo, era la mia migliore amica, siamo cresciute insieme..." risponde Tiziana.

"Forse ha ragione il commissario, nessuno conosce nessuno veramente a fondo."

"No, non lo accetto perché se no sarebbe così anche per noi. E io sento di conoscerti come me stessa, anche meglio di me stessa."

"Forse il commissario non ha tenuto in considerazione una cosa" dice Alessandro.

"Cosa?"

"Che l'amore aiuta ad abbattere[knock down] delle barriere altrimenti invalicabili[insurmoutable]."

"Come sei romantico!" esclama Tiziana.

"Sì, come sei romantico, tesoro..." ripete una voce in falsetto alle loro spalle.

Tutt'e due si voltano e vedono Gianni.

"Gianni, che cavolo fai qui?" esclama Alessandro.

"Sono venuto a vedere come state... dopo quella telefonata mi sono precipitato a[I rushed to] Bologna. Cos'è successo? Dov'è Carlotta?"

"Vieni con noi e ti spieghiamo tutto" dice Alessandro.

"Bene, ma solo per mezz'oretta, io mi annoio con i piccioncini."

"Non siamo piccioncini!" protesta Tiziana.

"Sì, siete dei piccioccincini. *Picci picci picci...*"

"Gianni, sei un cretino!" esclama Alessandro.

"Ah, grazie, quando faccio comodo, Gianni qua Gianni là, poi mi dicono che sono un cretino... Dai salite in macchina, ingrati, e non

55

baciatevi ancora, per favore, siete noiosi."

"Non siamo noiosi, siamo innamorati" replica Alessandro.

"Appunto. Tutti gli innamorati sono noiosi."

Tiziana e Alessandro si guardano e scoppiano a ridere.

Printed in Great Britain
by Amazon.co.uk, Ltd.,
Marston Gate.